계절사냥 혹은 꿈의 화첩

지성 · 감성의 메타언어

조선문학시인선 · 273

계절사냥 혹은 꿈의 화첩

은 태 철 시집

조선문학사

▌책머리에

브레이크 없는 시간의 틀 안에서 무임승차하고 동경의 에덴을 향한 무한의 이정표로 숨 가쁘게 달음질쳐 고희의 준령을 넘어 산수의 문턱을 노크하게 되는 심정……

몸은 물질이라 늙어지지만 마음은 무형의 존재로 결코 늙지 않지요. 부족한 사람이 총신대학교에서 정년퇴직하며 첫 작품집 『생각하며 사는 인생』을 내고 십년을 더했으며, 저의 제 2의 생활이 황혼에서나마 시간을 알고 인생을 즐길 수 있게 해 주신 주님께 감사를 드립니다.

세상사를 알지 못하고 공직생활 40여년을 지낸 극히 순박한 외곬의 생활에서 새로운 무대에 펼쳐진 모든 것들이 나에게 신비와 의문에서 주위의 충동에 유혹을 느낀 일도 없진 않았지만 자신을 지켜주는 신앙의 힘이 이 시간까지 존재하게 해준 것에 감사한다.

세월의 흐름 속에 결혼 생활 반세기를 돌아보면 무엇을 했고, 무엇을 가졌으며, 어떻게 되어 가는지 참 가슴이 무겁고 텅 빈 머리에 공필름만 돌아간다.

오래전 소생들이 내 앞을 떠났고 이제 겨우 줄기가 영근 막내가 만군의 몫을 감당하게 되는 현실이 무척 대견하면서도 애처로움을 금할 수 없다.

이제 모든 것을 끓는 용광로에 몽땅 녹여 새로운 선철의 제품으로 세상에 쓰임 받는 귀한 용품으로 자리매김 되기를 바라며, 시집을 내면서 많은 주저와 고민을 했다.

은사요, 안내자이신 조선문학 주간 박진환 교수님의 도움으로 이 책이 나오게 된 것에 감사하며 글 읽는 모든 분들에게 만의 하나라도 저의 뜻에 동감하는 점이 있다면 그것으로 행복하게 생각하며 하시는 일들에 형통함과 행운 있으시길 기원한다.

庚寅年 晩春

舍堂 書郞에서 深泉

▮ 서시

金婚

— 결혼 50년의 유감

나는 생각한다
홍안의 꿈을
반세기 그전 그 때
그 모든 일들
자신을 숨기며 서로를 탐색하며
듣고, 느끼고, 생각하고, 또 확인하며
저, 먼 앞날을 희미한 이정표에
행복의 기관차로 힘을 모으고
뜻을 같이하며
성실히 안전하게 오늘 이 시간까지
그는 나를, 나는 그를
의지하고 살았지

은태철 시집

계절사냥 혹은 꿈의 화첩

차례

제1부
계절사냥

제2부
꿈의 화첩

제3부
존재 · 기타

제4부
동반자

평설

제1부

계절사냥

계절사냥

눈꽃 받은 가지마다
삭풍에 교태 부려
입춘이 문안하니
화색이 만면하다

하지의 뙤약볕에
도도히 수절하며
추분 상강 상봉하니
네 몸이 육중하다
2세를 위함인가
연륜의 산물인가
홍의단장 떨치고
춘몽으로 안식한다

상춘연가

목련의 흰 칼날이
동장군의 목을 치니
황달중병 개나리
양춘의 첨병으로
잠복했던 지력군이
복수의 칼을 뽑아
고개 숙인 애기할미
혈기 뿜은 참 진달래
칠보색 신방 꿈
온 봄을 전율 지어
심장 깊이 배여 드는
낭자의 상춘연가

개나리

가지마다
황금 팔찌를 끼고
노랗게 휘었다

흰가지 사이로
숨바꼭질 하는 바람도
노랗게 황달이 들었다

종달이 울음도
노란 음표로 굴러가고

온통 세상은
노랑물이 들었다

봄 뻐꾸기

아지랑이 교태 부려
대지를 수놓고
창공 솟은 노고지리
연민의 독창애수
산야의 새싹들
따스한 새 볕을
온몸에 받으며
내일을 속삭여

강 숲 외진 역
뻐꾸기의 수심가
일편단심 품고 있는
고독의 서정시
그 뉘가 챙겨 주리
약도 못 쓸
불명의 중병이라

화신의 계절

봄은 산야를 변장시킨
마술 방망이
초목은 마술 장단에
웃고 또 울고
청향의 들꽃은
고독에 가슴치고
꽃 없는 범나비는
외로워 한숨 짓네
고독과 외로움
병명은 무엇이며
편작이 그려내는
처방전은 무엇일까

꽃을 왜 꺾나

향도 분도 없는
잡지도 꺾지도
못할
그림의 꽃
벌 나비도 외면

탐스런 장미
독침 살펴

수려한 모란
은은한 향취

청아한 백합
고결의 연정

설중 매화
불굴의 순애보

황달 개나리
화신의 첨병

삼라만상이
희락의 꽃가마

보고 느끼고
즐기고 취하는 것

꺾어서 독점하면
모두가 산산조각

공유의 가치는
허공의 메아리

매미울음

물레에 한을 감아
실실이 풀어내어
한을 한으로 풀듯
종일 시간의 태엽을 감아
생을 풀어내는
매미 울음

할머니의 세월 곁에서
울타리가 되고
등불이 되어주던
내 유년

매미우는 날엔
되돌릴 수 없는 생을 물레질하며
할머니가 그랬듯이
한(恨)을
한(閑)으로 풀어본다

매미와 늦장마

불혹의 구중낭자
동지 밤의 깊은 사연
동토의 벼랑 끝에
고개 숙인 인동초
엊그제가 한가위
철되면 엄습하는
불안공포 놀란 가슴
한번 또 한번
다시 할퀸 수마흔적
빈 하늘 굽어보며
풍우를 원망하네
목청 사난 매미소리
갈기갈기 찢고 덮쳐
멍든 가슴 상처 깊어
어떤 영약 치유될까

장마와 산행

1.

신록의 교태는 과객을 유혹하고
꿈틀대는 산야는 젊음을 뽐내는데
야위고 시들은 고희 첨지가
만나고 즐기고 지키기 위해
오늘도 그 길을 동행하였네

2.

번개 뇌성 숨 멎으며
몰아치는 물줄기 서로를 살피며
원망의 먹구름만 쏴 봤지
말없는 대화 눈쌀로 전하니
조심조심 또 조심
징검다리 홍수 물결 관악산 약수터는
영원한 생명 샘

가을 그리고 봄

가을

순환의 숨바꼭질
4막 3장의 무지개 무대
산야가 불타고
땅거미 너울치며
소슬바람 앙가슴 파고드는
객창의 향수를 더하는
신음과 고독의 밤
돌이킬 수 없는 과거
과거는 누구나 모두가 가지는 것
과거
씻을 수도
지울 수도
바꿀 수도
버릴 수도 없는
그것들이지
과거는 추억이란 열매로 맺혀

추억
아름다운 것
즐거운 것
정신을 빼앗는 것
괴로움과 저주를 낳는 것
위로를 받는 것
용기를 주는 것
희망을 주는 것
재기의 동력이 되는 것

봄

꽃바람 유혹의 날개
가슴 부풀리며
몽유병자가 낮잠 피우는
환상의 무대
꿈을 먹으며
종자를 챙기고
대지를 그려보는

내일의 설계
인생의 봄
황홀하고
찬란하고
거룩하고
장엄하며
오직
한 번으로 끝나는 것
그러나
뉘에게도
공유할 수 있는 것
다듬고 가꾸는 자만이
뿌려진 종자의
향기를 즐기리

가을 · 1

결실의 계절
불혹의 노총각 가슴앓이
청명한 허공 한숨 짓는 짙은 심병
이 해도 소식 없이 흘러갈 건가
백두에서 굽이쳐 설악을 불태우니
초목은 피부병에 몸부림치고
백과는 제 맛에 얼굴 내밀며
발길 재촉 가을갈이
운력하며 웃음 피운
산촌 정이 그리워라

가을 · 2

녹음을 몰아내고
겨울을 손짓하며 가슴에 안겨
누구의 명령인가
누구의 부탁인가
산야를 불태우며
자리 바꿈 재촉하네
가신 님 그려보며
기러기에 소식전해
동짓날 긴긴밤을
생각하라고

구름속의 보름달

좋은 세상 바로 알자
카드의 몽유병자
신용불량 문안 편지
삶은 원망
희망은 절망
가정은 파탄
네거리는 촛불시위
충무공이 한탄한다
장유유서, 붕우유신
햇빛 바랜 배설물

오락가락 먹구름
객창을 괴롭혀
도도한 그 구름도
보름달은 못 가리리

미풍

손발 없이도
만지고 차고
흔들어 깨우고
어루만지는
손길

그 손길에 안겨
나를 맡기면
얼르고 쓰다듬고
애무하는

사랑

태풍

노하면
파도를 일으켜 세워
바다를 뒤집어 엎고
심술이 나면
산을 흔들어
초목마다 사시나무가 되어
벌벌 떨게 하는
폭군

까치

아침을 쪼아
까낸 부리 끝으로
하루의 역사를 새긴다

칠흑을 황금으로
금박하는
그래서
길조라 하나보다

제비

돌아오는 제비
박씨 물고 왔을까
흥부의 행운이라도
물고 왔을까

현대판 제비는
어떤 박씨를 물고 왔을까
요새도
흥부의 행운이 있을까

제비 오는 날
함께 온 이 땅의
행운을 점쳐 본다

바위

종일
파도에 뺨을 맞고도
끝내 침묵하는
오랜 인고
그 인고로 굳어버린
외로움

그 외로움으로 지키는
독도

아카시아

독사 이빨처럼
가시끝은 날카로왔다
가시에 찔린
손등은
퍼렇게 멍이들어
독으로 번지고

햇볕으로 녹지않은
때아닌 함박눈이
왠 종일 흩날렸다

매미들도
혹 가시에 찔렸는지
찔릴까 두려운지
아직 입을 열지 못했다

제2부

꿈의 화첩

배움

가도 가도
못 미치는 길
누구나 가기를
원하는 길
태산보다 높고
바다 보다 넓어 아득한 곳

한숨과 애통 희비의
교향곡이 연주되는
누구도 대신 할 수 없어
고행을 이겨야
조건을 맞추리

시행착오

은하를 꿰뚫을
오욕의
세도
지축을 뒤흔드는
해일의 분노

식어져 가는 체온
멈춰버린 심장
장밋빛 파라다이스
때늦은 후회

두더지
박쥐들의 생태
인과응보의 귀결
염적에 절여
본맛을 찾아야지

이 세대가 끝나기 전

면학

흐느끼며 던진 말
"알아야 산다"
삶과 자신을 지키는 것
단애와 심곡
폭풍과 파도
농무와 빙각
전진의 패달만은
밟아야 한다

숙제

밤이 깊어졌다
한나절을
훨씬 넘길 때까지

나는
무엇에
무엇을
어떻게 했는지

폐기된 과제들을
다시 챙기며
낡은 숙제장을
정리한다

일병백약인데
뉘가
정답의 깃발을
높이 꽂을까

신뢰

본명도 재확인
의심반 믿음반인데
불분명을 따져서 무엇하겠는가

하기사 세상이
혈통도 계보도 제멋대로인데
KS라고
영약이라고
제 혈통
제 계보 지녔겠는가

분노 · 1

심장은
활활 타는
용광로

가슴은
가시마다 칼날세운
흑장미

얼굴은
다섯 빛깔로 칠한
백일홍

머리는
어지럼증으로 흐린 시계의
안개꽃

분노 · 2

백자 찻잔이
박살나
하얀 이를 세운다

청자 화분이
부들부들 떨며
파랗게 질린다

난쟁이 키의
분재가 움츠러들어
모가지만 남는다

기상 예보로는 여직
알려지지 않은
가슴의 태풍

활화산의 습작

분출하는 용암 치닫는 광열풍
돌이키며 헐떡이는 생동의 몸부림
황백흑의 지구촌 풍객
한설에도 지켜온 그들의 역사
불명의 그 괴력 때 따라 오가며
밤새 머문 그 자리 만물상을 이루어
상표없는 건자재 설계없는 구조물
희로애락 잠식한 천애 고아
설자란 종유석 목잘린 동물화석
혼돈된 가치관 질풍의 세태만상
막히고 얽힌 사연 털어버리고
청아한 박꽃향 가슴 씻으며
인고와 지성으로
나침반 바로잡아
황금의 모래 싹 북돋우어
용암의 그 강을 정복하려니

마음으로 앓는 병

아카시아 향기에
심취된 꿀벌
휘어진 허리
돌 볼 짬 없고
경마기수 말굽소리
숨 가쁨을 알리야
돋는 해 지는 노을
종3의 삼일문가
나무 그늘 조아린 왕년의 명사들
값진 경험 소중한 편력
밀리고 넘치어
팔짱끼고 굳어있는
퇴역 전사여
메밀꽃도 향 포구도
메아리 된 춘몽인가
정오를 지켜보는
풍유객에 자원봉사
입추의 문안편지 삼동은 어찌 할꼬

병원

관심 밖의 머언 곳
때로는
가장 가까운 자리

외롭고 괴로운 곳
즐겁고 반가운 곳

삶의 진가를
바로 찾는 곳

병상일지

1

생의 반추
작열하는 유월의 태양
그때도 초목은 속삭였지
포연과 절규는 처참하였다
죽음으로 지켜진
자신을 확인해본다
빛바랜 무공훈장 이지러진 동체
격전의 고지에서
장엄했던 결전
순간을 엮어
마음판에 수놓아
불귀의 전우에게
신의를 다짐한다
그대들의 유훈을 성취하리라
억만년을 이어갈
조국 대한을 위하여

2

보훈병원
고장난 기관차
동력 멈춘 거선
그 언젠가
산야를 활보하던
충용의 전사
무용담으로 시작하여
눈물로 마감하는
역사의 산 증인들
그대들이 지켰기에
오늘을 산다
자유, 평화 누리는
내 조국 내 겨레
님들의 숨결속에
삶의 진가 바로 알아
존경과 위로만이
정성어린 보답길

과객누각

노을은 말없이
가슴을 파고들어
잔잔한 해면은
마음의 별장

한식 건넌 이즘에
눈단장의 버섯지붕
고매한 향취에 길손이 매혹받네

도도하게 자리한
장송의 위엄
미소로 인사 짓는
인동충절 동백이여

풍진을 멀리하니
과객의 번뇌도 씻어 주리라

꿈의 화첩

용암을 품은
화신을 출산한
동녀여
낙조의 장관을
출품한
서방님은
언제 맞을까
가깝고도 멀기만 한
그대들의 삶이여
삼경의 적막은
단장을 쥐어짜는데
만 가지의 누각을
짓고 또 허문다

번데기 굿판

밀치고 당기고
넘어지고 뒹굴고
안팍 윗 아래가
한통속에
죽을 쒀

대소강약에
고저장단
명암곡직이라

희년의 주름살이
수절투사
풍진 호걸

오발탄

광화문의 충무공
무엇을 생각하며
남산의 안중근
무엇을 걱정하고
창경원의 세종대왕
무엇을 고민할까

삼청동은 개혁광풍
汝矣島는 횡설수설
서초동은 청풍미동
여야는 명운대결
"국민이 대통령"
버렸을까?
잊었을까?
종횡무진 사통팔달
자유민주 주권재민
불안긴장 가중된다

요통분통

06, 07, 05
허수아비가
공룡알을 낳았지
넷 다섯
공해에 돌고래가
요통으로 몸부림
분통을 터뜨려
알고보니 꿈

평화의 어장에
허수아비가 불장난
뭇 어족들
불안의 원성
화석된 공룡알을 또 낳을까
망상의 꿈을 꾸는
광야의 무법자
때를 알고 모든 것을
제자리에 바로 세우지

무비유죄

매미의 발악에
산야가 긴장하며
철 잃은 민들레가
악몽에서 못 깨난
이 첨지의 속앓이
둥지 잃은 철새 마냥
허공만 저어 본다
불확실한 이정표
계약없는 정착지
천재 인재 뉘 탓 말고
살피고 치유하는
유비무환 다시 알자

진정하고 바로 가자

혼돈의 극치
눈이 흐리고 앞이 아물아물
잡았는지 놓쳤는지
우인지 좌인지
보수 진보 개혁
웰빙 시대
홍수가 밀어닥쳐
둑을 쌓자
튼튼한 안전의 방죽을
포탄도 탱크도 정복 못하는
사천만이 안심 할
망루를 세우자
좌충우돌 불신 기피
무지 무능 무법을 쫓고
모두가 믿고 하나가 되는
미래를 여는 삶을 꾸미자

그 날의 환희

동토의 터널
암울한 삼 반세기
강산을 녹여주는
서남풍의 새 기운
광복의 예광탄이
한반도에 비췄어
온 겨레의 몸부림
마음껏 외쳐본다
그 날의 감회를
모두야 합창하자
자유. 독립만세를
길이길이 보전하세
반만년의 민족 전통

모슬렘

테헤란을 그리니
긴장과 불안
초조와 기대
사막의 열기
이방의 풍물
앞을 가리고
잠을 청하여도
머리만 무겁다

모슬렘
이름만
하여도
온몸이 시들해져
얼굴엔 복면
머리엔 흑백두건
이교도에 경계와 응징

십자가의 큰사랑

모두들 융화시켜
따뜻한 체온을
전하게 하니
서로를 이해하고
서로를 인정하며
인류의 평화 위해
공존 공조하자니
주님의 뜻 펼쳐
머잖은 그날에
모슬렘의 심장에
사랑의 십자가를
높이 세우리

십자가

높고 높은 자리에서
세상을 통찰하는
전능의 황제

고통의 상처를 치유하는
박애의 인술

적병을 감싸주는
평화의 깃발

한 맺힌 이산가족
몸부림치는
절규의
면회장

사순절

고통 고난 고행의 그 길
그분만이 감당할
하나뿐인 의의 길
평강의 마음 밭에
화평의 씨를 뿌려
사랑의 꽃을 피워
구원의 열매 맺혀
창조주와 동거하는
영생의 복락 누려
그분의 공로로
모두가 가야할
참 된 좁은 길

헌시

— 새 빛 아카데미의 발전을 기원하며

서천에 새 빛 일어
온누리를 밝히니
한 세기의 묶은 터전
그대들의 희망 둥지
사방에서 선택된 귀한 새싹들
영성인성 갈고닦아 수려한 군사
재능을 한껏 펼칠
인류의 동량재
성취하여 베푸는
참 일꾼 주의 백성
잡고 당겨주며 힘을 합하여
비바람 눈보라도 떨쳐버리고
이 시대의 횃불 들어
도도한 금자탑 높이높이
영원히 타올라 길이 빛내리
아- 새 빛 아카데미여

복음 사역

1.

목마른 자에게 생수로 구하고
어두운 곳을 빛으로 밝히고
허약한 자에 활력을 주며
넘어진 자에게 재기의 힘이 되며
낙심한 자에게 희생의 길을 열어
믿고 순종하면 만고의 동반자

2.

미워하지 말고 참을 줄 알라
의심하지 말고 관용을 주라
문제를 보지 말고 방법을 생각하라
상대를 인정하며 자신을 알자
자신을 믿지 말고 하나님께 맡겨라
시작과 마침은 창조주의 섭리

현충원

갈가마귀 호곡에
잊으려 해도 지우려 해도
그때 그 사연들 씻어지지 않아
포성 멈췄으나
상흔의 고독이 너무 깊어
산야의 초목은 봄을 알고
대지는 살찌는데
한 맺힌 가슴에는 신음만 깊어진다
조국을 지키겠다
님들이 좇던 길 아직도 요원한데
풍상을 씹으며 내일을 그려본다
양극화란 신조어가 이간, 불신, 투쟁의 무대
전국이 광란의 바다이야기
누구를 위한 무엇을 하려는가
혼미한 항해 긴장만 더해
영민하신 님들은 다짐하셨지
평화와 희망의 동산
영원한 내 조국 자유 평화 누리기를

충현탑

님 가신지 반백년
포성 멎고
새 길 닦아
산야는 옛 봄맞이
이 한 목숨 이슬로
자유평화 지켰으며
침묵만이 늘려 주는
영민의 영령 앞에
현충일의 진혼곡이
단장을 쥐어짠다

청남대

고사리 새순 돋고
산비둘기 알을 품어
산수도 수려한
대청의 요람지
누구나 한번쯤
꿈을 품고 탐낼 법
만객의 발걸음
세인들의 회자로
역사에 장식된
기복의 자화상
촌촌을 아로새긴
그 시대의 주인공들
잠잠히 흘러간
권세의 무상이여
인생 황혼기
양지의 속잎이
음지의 떡잎이라

마음의 대화

정적의 침묵
긴장을 부추겨
말없는 대화
심장을 쥐어짜
눈빛을 읽으며
숨소리를 잡으려
토하지도 못할 그 알맹이들
뇌 속에 가득 채워 본다
듣는 것도 없고
외치는 것도 없지만
마주치는 시선
그는 나를 읽고
나는 그를 믿으니
보고 느끼고 그려보며
장미의 정원을 가슴에 품은
꿀벌만이 즐기는
청순한 순애보의 백합 향기
침묵은 금
이대로 좋아

고별 · 1

지금 이 시간
당신은
이유도 저항도 없이
마침표만 찍고
자신을 청산하였지
그러니
나는
무엇을 보상하고
무엇을 찾을까
납덩이 같은 가슴에
애수만 가득 채워
동짓밤
은하수 같은 꿈들을
모자이크 하며
계약 못할 상봉의 한 평강을 기도하리
영민의 처소

고별 · 2

한숨 짓고 머리 숙여
자신을 살펴본다
천만번 새겨 봐도 아쉬움과 후회 뿐
정신을 버렸으면
이 괴로움은 모르겠지
안녕이라 말하기는 가슴 매어져
눈을 감고 혀를 씹으니
한평생 받은 채무 갚을 길이 없구나
믿음으로 하라시던 그 음성
들을 수 없고
포근한 그 손길 잡을 수 없네
그 생의 발자취 한 폭의 산수화
풍진 번뇌 떨치고 부름 받은 영생 길
평강의 안가에서 편히 쉬소서

만남 · 1

창조주의 만남 세상을 가졌고
세상을 만남은 역사의 시작
만남이란 언제란 시간
어디란 장소 누구란 대상
그리고 또 하나 무엇이란 목적

만남 즐기고
꿈이 있는 것 웃으며 만나
원망과 불신 저주하며
헤어지는 것
또한 긴장과 초조의 만남
이해와 협력 희망을 설계
성패와 희노의 막간
만남은 이별을 낳아
찾고 부르는 술래잡기

만남은 목적과 대상 그리고 시간
세 요소의 조화가 결실을 맺어
만남은 영원한 것

씨감자

어둠 짙고
냉랭한 토굴
삼동에 걱정했던
외갓집 씨감자
망종이 되어도
눈 뜰 줄 잊었나
토박한 보금자리
햇볕마저 외면 당해
속 앓고 겉 야위니
싹 못 볼까
염려되지

암탉

암탉이 모이 치니
개가 짖고

무지개가 높이 뜨니
나팔꽃이 소리친다

양떼가 뛰노는데
꿀벌이 역사 하네

산 절로 수 절로 하니
목석이 합창해요

청계천 · 1

물이 맑아 청계인가
이름 불러 청계인가
육백년의 도읍지
한 민족의 역사의 장
풍운의 세월 속에 영욕을 거듭하며
근대화의 세태에
철골 콘크리트 치장하더니
친환경 웰빙 시대
삶의 질 찬가 따라
일천만의 보금자리
심신의 쉼터로
이름도 청계
환경도 청계
무한한 청계는 민족의 맥박

청계천 · 2

한양 경성 수도 서울
시대의 풍물들을
타임캡슐로 고이 묻어
그대만이 간직한
역사의 증인
암울한 음지에 눌렸던 시대
윤회의 업보인가
중생의 은혜인가
말갛게 꾸며진
사천만의 심장부
말없이 지켜 줄
홍왕의 파수꾼

제3부

존재 · 기타

존재

쨍볕에 독을 품은
매미놈의 소프라노
무논을 탈출하려
맹꽁이의 행진곡

장림을 휘젓는
사자의 불호령

강산은
절로절로

인생은
홀로홀로

생각의 가치 존재

입춘
겨울의 작별
벌 나비의 계절
생각한다는 것
존재의 실체
인간
지정의로 엮은 꿈의 융합체
생각은 꿈을 형성하고
생각으로 꿈을 키우며
인간만이 갖는 무한의 목표
신념의 행위가 꿈을 이루는 것
입춘의 꿈
생각의 존재
입동이 되면 만개의 설화로
백양세계 이루리

존재와 가치

굴절의 프리즘으로
과거란 화첩에
현재를 조망하니
잊지 못할 사연
지우지 못할 족적
버리지 못할 추억 등이
제멋대로 소리쳐
마네킹 같은 존재
무엇을 추구하며
누구를 위함인가
자신도 못 믿는
불안한 모험 승부
네가 찾는 참 가치는
무엇으로 매김 할까

생존경쟁

숨이 멈췄다
번갯불에 앞이 캄캄
천둥이 온 몸을 쥐어짰다
아비규환의 사막 일장
살아남기 위하여
실체도 형태도 없는 흉기로
잡고치고 짓누른다
비참하고 처절하게
있는 자나 없는 자나
똑 같다
심중에 숨긴 비수
모두에 입힌 상처
비극의 살육전이
생활 속에 펼쳐진다
승자로 되기는
권세도 재력도 아닌
인간 존중의 가치관
마음의 평화 유지

고독

울울 창창 수목원
한 그루의 오리목
많으면서 홀로인 그가 외로워
인간터미널
서울의 불야성 지하철 환승역
생동력이 분출하는
희망의 발걸음

대리석 조각 벽에 몸을 맡기며
흐린 눈 크게 뜨고 처지를 살핀다
나는 누구인가
나는 왜 존재하나
해답 없는 과제를 챙기고 있어
풍랑 만난 나룻배
이정표 없는 사공아

고희령

머언 행진의 목표
함정과 올가미
심해와 험준령
불확실한 이정표
고행의 항로
앞만 보고 뛴
인생황혼의 낙조
그대 머문 자리에
쌓아올린 모래성의 족적
기복의 그 역사를
뉘가 바로 읽을까
청초의 행취를 되씹으며
일그러진 몸맵시를
추슬러 본다

노경

아미 사이에 얹어
키워온 세월로 연
길이 하나

길가엔
억새꽃이 하얀 세월로 서서
함께 동행한다

마주하는 서녘엔
지는 해 곱게 물들고

물든 자운으로 번지는
가슴엔
백발로 피는
꽃이 하나

향수

객창의 초생달은
은빛으로 차가운데
사향에 짙은 열병
모닥불로 재가 된다

멈출 수 없이
타고 있는
향수의 열병
마음에 등불 밝혀
먼 고향을 그려본다

고향길

민들레는 바람타고
보금자리 떠나고
신록은 상강맞아
가람의 나그네여

석양 낙조에
고독의 길손아
가슴에 묻어둔
싸리골 옹달샘

소리없이 외쳐본다
초가지붕 박꽃향기

그리움

새끼송아지 부르는
누런 어미소의 울음이
들녘 너머 노을로 금박된다

마를 줄 모르는 어미의 사랑으로
젖은 퉁퉁 부어오르는데
송아지는 돌아올 기미가 없다

가슴에 부정(父情)으로 서린
그리움을 풀어
어미소의 울음으로 구름으로 부르면

멀리 보낸 자식의 모습
자운으로 피어
웃고 있다

연정

숨막힌 농무가
시계를 치장하니
내 몰골이
몽롱한 꿈속
고독의 탕자
아지랑이 같은 기억 속에
이상의 존재마저
뿌옇게 흐려져
꿈이라면
차라리 행복하겠지
이제 스며버린
빗물같이
영영 돌아오지 못할
순간들의 족적들을
뜨거운 가슴에
화석처럼 새기어
본향의 안방까지
채워 두리라

연민

가을 밤
눈썹 달
귀또리의 소야곡
객창의 소슬바람
텅 빈 가슴 쥐어짜는 기러기 아빠

칠월칠석 손꼽는
견우직녀
대답 없는 대화
짧고도 긴 순간

강산을 넘은 필사의 상봉
걸음마다 움이 튼
열정의 넓은 가슴
환희의 별천지
순결박애 이 진품
영겁의 수작으로 옥새에 간직 하리

연민성

눈꽃은 나무목 휘감고
칼바람은 콧등을 찡 짠다
한공의 철새 떼
노을 따라 흐르며
찾고 있겠지
동행 못한 그 자취를
잡을 수도 막을 수도
없는
심상의 연민성
시들기전 지기 전
사철의 보고에
단단히 채워서
새 계절의 장식으로
고매하게 가꾸자

등대 · 1

숙명의 야행성
한낮엔
백목(白目)의 장님으로 서 있다가도
칠흑의 복부가 터져
어둠이 밀려와 번지면
영악하게 눈을 뜨고
먼 뱃길 불러들이는
잘 길들여진
숙명의 야행성

등대 · 2

물에서 버림당한
천애의 고아

낮에는 지친 몸
숙면하다

밤이면
탐색하는
대륙의 첨병

고독을 요기하고
창파를 호령하며
섬광의 깃발로
길손을 맞이한다

공항

기대하게 하는
넓고도 좁은 공간
아쉬움을 출품하는
뒷모습의 초상화

바쁜걸음
쫓긴 시간

황, 백, 흑의
모자이크
궁상각치우에
평성거입이
마음껏 연출하는
오케스트라

밤열차

출발역에서 종점까지 이어지는
어둠의 긴 터널

도둑괭이처럼
야광으로 번쩍이는 발광체가
시작과 끝이 맞물린
칠흑 속을 질주한다

끈끈한 점액으로 묻어나는
먹칠한 차창에 기대어
샹들리에로 불 밝힌
가버린 날의 회랑에 앉아있는
꿈을 꾼다

꿈을 낚으려는 듯
낚시비늘처럼 등 굽은 눈썹달이
한사코 곁눈질하며 동행이다

가로등

어둠을 삼키며 질주하던
취한 갑충(甲蟲)들의 행렬이 끝나면
거리는
바닥을 드러낸 심연처럼
정적의 깊이로 엎디어 있다

노랗게 밤에만 익어가는 가로등은
한 열매만 키우는
신종 과목

과수원길을 건듯
가로등 불빛을 따라 걸으면
가슴 속엔
어둠 속에서만 익는
끝내 따지 못한 열매 하나
노랗게 익고 있다

우이암

산 산
그대가 그리워서 그대를 품은 채
만가지 형상을 꾸며보며
불러보고 살펴보며 그대를 대하니
그대의 미소에 매혹당해
천태만상 그 위용 장엄 하여라
때로는 황야의 초병같이
고적과 자괴감도 느꼈겠지
양풍 녹음에 벌 나비도 많았겠지
풍설을 소화시킨 반만 년의 산 증인
신의를 간직한 영원한 내 벗
그대의 숨소리에 위로를 받고
그대의 품 안에서 안식을 갖지
앞에는 오 형제가 손짓하고
좌로는 인수봉이 속세를 파수해
벗이여, 님이여
영원한 동반자
언젠가는 돌아갈 영면의 처소

모정

토담마당 놀이터 삼아
뛰놀던 어린시절
말없이 지켜보시며
맘으로 길러주신
모정의 세월이라

지금은
세월 저쪽에 계시는
어머니

불러보면
고향 토담마당에
귀밑머리 날리는
환상의 그림자

편지

마음은 비단자락
남녘하늘 별을 따다
연정을 수놓는다

달빛을 두루마리 하고
바람소리 필묵하여
삼경을 지새며
입으로 못할 것
글로써
고백한다

친구

이정표 못 가진
풍운의 방랑아

시간에 채찍당하며
지치고
넘어져도
눈빛으로 끌어주는
마력의 손길

피고름 토해내며
모닥불에 밤 지샐 때
하염없는 달빛이
흥을 더하네

동창회

별들이 수심먹은
적막의 공간

둥지는 멀었는데
예명은 소식 늦어

흥분과 기대
초조와 궁금

반세기를
설거지한
고희의 풍운아

음성도 꼴몰도
희미한 영상

무엇을 이루었고
무엇을 가졌을까

잿바람

외진 고갯길
떨어뜨린 머리채로
잔등을 훔쳐본다

말없이 부닥치는
얼굴없는 길손

지친 몸 반기며
구애하지만

출생도 본향도
알바 없으니

잔잔한 속가슴에
쌍무지개 여울진다

명절

설

색동옷 진수성찬
희락의 박장대소
담 밖의 메아리
하지만
나는 왜 구속당하나
덤 덤, 텁 텁,
찜 찜, 후줄근
가늠 못 할
이 심상
가질 수도 버릴 수도
지울 수도 바꿀 수도 없는
그 무엇
맘 고쳐 한 발 자국
새 해 새 설계
새 용기 새 출발
새 봄의 봉오리
가슴에 피우자

휴일

대문 큰 집
굉음의 모터소리
손길 바쁜 생산 라인
분주하게 쫓기는
잰걸음의 하루일과
오늘이 금요일
주 5일 근무제
주말과 주일은
누구와
어디서
무엇을 할까
기다리는 이 없는
객창의 방랑 미아
반길 이도
머물 곳도
풀지 못할 숙제
차라리 서글픈
이 휴일을
거둬 가구려

첫 보름

작년 이날에도
님에게 비춰준
한 그루의 계수나무
언제나 변치 않는
창공의 방랑아
누구도 갖지 못할
임자 없는 풍운아
그대에게 고하는
중생들의 합장 기도
님도 보고 뽕도 따고
부귀영화 입신양면
내일의 꿈
윤회의 역사 앞에
계약 없는 다짐이지

개미의 역사

경칩지난 땅 내음
물 밑 개구리 큰 기지개 켜
변덕스런 날씨
북서풍 눈 꽃가루
그래도 잡지 못할
계절의 순례 행진
새 싹은 태양 안고
지각을 산책하며
미동의 역사는 이때부터
어떤 이의 눈치도 개념치 않고
군역(群役)의 병사
그대들
뙤약볕 비바람도 막지 못한
티끌모아 태산
근면과 인내의 본
위대한 왕국
그대는 개선장군

도시 주거

사각구조물의 성벽
자청하여 담보 잡힌
지성 영성의 구조물
전후좌우 모두가 부닥치고 와 닫는
인공 장애물의 성벽
불안전한 숨결
쳇바퀴를 돌리는 숙련된 다람쥐 마냥
그 구조물에 잘 길들여졌다
마음의 천지
더 높은 창공
끝없는 지평선
한없이 휘저으며 막힌 성을 허물고
광활한 대로로 원없이 달리고 싶다
사과 꽃향기 이는
마음의 낙원
언제나 반겨주는
전설담긴 정든 고향

그림자

햇님의 웃음이
땅위를 수놓는
숨바꼭질 마술사
잡지도
가두지도 못하는
입체형 평면작품
햇님이 눈가려
그 작품 자취 없어
햇님만이 창출하는
희비의 역작이여
지혜로운 모방 못할
위대한 역사(役事)여라

인사

마음으로
눈으로
입으로
손으로
몸으로
다
그런 것
안녕
감사
평안
미안
또
다음
그럼
이만
아쉬움 새기며

특식

누에는 뽕
송충이 솔잎
다람쥐 도토리
돼지 꿀꿀이죽
개는 멍멍이 밥
나귀는 꼴 여물
장미는 한 이슬
객수의 풍운아
북극성 머리이고
붕어빵의 특 진미
장 속이 공간이라
팔진미가
안 부럽지

축배

혈압이 오른다
담이 커진다
힘이 솟는다
그 날을 설계하며
서로가 다짐 한다
믿고 믿으며
주고 받는
눈길
마음으로 소리 친다
개선군의 환호
이제는 갖게 될
초원의 보금자리

흔적없는 상처

지울수록 짙어지는
마음의 상처
통증을 호소하는
절규의 애원
안정제 해열제
만약이 무효
영약의 치료법
그 누구의 손길
따스한 체온만이
깊어진 상처에
치유의 안정을
이뤄 주리라

어떤 이유

사지가 꼬인다
허전한 속
텅 빈 가슴
후둘거리는 체구
울안의 숫 다람쥐
촌시를 쪼개며
바위틈을 뒤진다
무아의 경지로
본능 그것 때문에
자기와의 전쟁
숨을 짜고 씹으며
그 무엇인가
풀릴 때 까지
충동의 심장을
억누르고 버티며
찾고 취하여
채워야 하기에

자위의 향기

입춘은 남풍 맞아
산야를 녹이는데
텅 빈 가슴
형상의 싹
고압 전류가 뿜는
열정의 찰나가
주마등 마냥
아주 깊이 박힌
심정의 옹이
웃음으로
자위 한다
봄은
또 있겠지

욕정

이글거리는
유월의 태양
화신으로 전락되는
요물의 의기분출
목매인 망아지
눈 못 뜬 강아지
흔적 없는 호수
자취 없는 그림자
찰나가 영원을
영원은 순간부터
인생은 요지경

비(雨)에 비(悲)

꽃망울을 터뜨린
잔잔한 보슬비
마음을 때려주는
구슬픈 장마비
낙엽을 여행 시킨
싸늘한 소낙비
희비를 몰아오는
천수의 생명비
비를 온 몸에 입고
묵묵히 저어가는
고희의 인생길
젖은 비가 무겁지만
벗을 수도 버릴 수도 없는
비는 일생의 동반자

약속

믿는 것
상대를 가지는 것
유한하고
책임을 가지는 것
꼭
지켜야한다
양심이
심판하는 것

이방어의 대사

아득한
더 먼
그때를 그려본다
알지도 못하고
느끼지도 못했던
그 때의
청순한
네 모습
그의 진가
가진 것을
다
내어 놓지 못하고
생각만 하며
아끼는
알지 못할
마력의 역사

정순선례(情順善禮)

해맑고
청순한 그 존재

나부끼는 눈꽃
은막의 무아심상

별은 흐르고
칼바람은 한기를 채워

연민의 깊은 숲
순박한 충동

예정에 없던 것
위대한 작품

황홀의 역작을
내일의 역사에
정리 한다

제4부

동반자

동반자

삶이란 공생의 존재
믿음주고 인정받고
눈빛으로 말하며
가슴속을 읽어준다
외로워도 괴로워도
슬플 때나 기쁠 때나
춘하추동 외곬수로
당신만이 풍겨주는
충절의 진가
미소의 언약
손익이 샘 없는
고난의 동반자

밤의 한가위

드높은 망월
산야를 채운
사랑의 손 길
모두가 한가위 풍요의 꿈
벅찬 가슴
연정과 그리움이
술래잡기
흥겨운 한판
희미한 그 모습
달 속에 무늬 지어
불러도 대답 없는
수줍은 낭자 상
그대가 머문 자리
미로의 희망봉
나침반 새겨보며
힘차게 정진으로
언젠가 합장의
성지에 닿겠지

범나비

무당벌레 품은 꿈
번개는 눈을 멀게
천둥은 심장 쪼개
삶이란 이런 것
원탁에 자리한 범나비 한 마리
향기 짙은 백합
교태 수품 홍장미
미련 품는 순모란
새침한 풍란화
은은한 샐비어
상긋한 다알리아
만종의 풍물들이 제 값을 하건만
화향에 혼을 뺐긴 날개 접은 범나비
향취와 정기에 아련한 옛 시절
꽃은 지며 봄을 손짓
삭풍 맞은 범나비 윤회를 믿을 손가
백화만발 양춘가절
무엇을 설게 할까

복(伏)에 복(福)

장대비가 내리친다
계절의 풍물
그 어느 지난날
사라호가
강산을 뒤집었고
또 매미가
산야를 휥았으니
남은 것은
한숨과 아쉬움 뿐
오늘이 초복
복날에 복을 챙겨 복이 많으니
복날에 복을 먹지
복 없으면 복 생각하랴
복을 빌고 복을 받아
복에 복을 더하니
복이 넘치는 행복한 우리 삶

앵두

보리밭 고갯길
오일장꾼 동행 길
상큼한 풋내음새 지금도 변함없네
옹달샘 그늘 드린
가지 큰 앵두나무
알알이 탐스런 진주보다 값진 선물
티 없는 낭자의 상기된 볼기 같아
해마다 뿌려주는
애정담은 징표라
성숙된 용태에
입맛까지 충동하니
보고도 못 취하는 욕정의 눈살이라
품에 품고
싹티우리
소녀의 꿈

삶의 찬가

매미는 몸을 던져 목청을 뽑고
제비는 철을 쫓아 저 남쪽으로
동백은 백설에 절기를 지켜
개나리 속눈 뜨고 진달래 미소 주며
삶의 역사는 천태만상
청순한 영상이
나는 호흡 한다
또 생각 한다
새 봄의 묘판에 희망의 묘목
얄궂은 풍상에도 영글고 숙성되어
모두가 값 매기는 걸출의 동량재라

정월 보름

허공에 걸린 달
온누리를 밝히고
오곡밥 산채나물
이웃 끼리 나눔의 정
보름달에 수놓은 마음속에 간직한
그 모습 그대로
세월은 흘러도 생각만은 한결같아
이 시간 저 달을 같이 보겠지
마음의 창을 여니 달은 숨겨지고
물먹은 별빛이 자리를 지켜
달아 솟아라 어제 본 그대로
보름달아 솟아라

임자

마음이 울적해 길을 나선다
별빛이 동행하자
앞질러 재촉해 고적과 허탈의
무거운 발걸음
이 심정을 달랠 자기야, 당신아
어디서 어떻게 이 심정을 샘할까
흰 연기 내뿜는 심장의 열화
이정표도 없는 풍랑의 고행
언제나 동행하던
자기의 흔적
아련한 미소 심령에 비추며
시작에서 마침까지 임자는 하나

묵상의 일기

오늘의 날씨 장대비가 쏟아진다
더위와 장마의 교차
하는 일을 어지럽게 한다
인생여정이 이와 다를까
비를 피하고 불볕을 가리며
기복 성패의 투쟁장 삶의 전부인지
눈을 감고 머리 숙여
조용히 외친다
있다는 자체 그것으로 감사
장마도 불볕도 창조주의 섭리
순종과 감사만이 평강을 누려
들려주는 음성 참고 또 감사로
자신을 지킨다

그믐

시간은 날을 만들고
날은 달을 엮어 해를 이루지
삼백에 예순 다섯 고비
완급을 저으며 정지선을 그려
밀려오는 예명을 마중하려니
인생은 세월에 무임승차로
싫어도 가야하는 유랑의 몸
자욱 마다 흔적색인 자화상이여
청아한 백합도 탐스런 장미도
시간의 무대에선 피할 길 없어
아쉬움과 그리움을 가슴에 품고
황혼의 그믐을 맞이해야지
한해를 설거지하는 그믐의 인생
지워지는 찰나는 역사의 장으로
밀려오는 새 무대에 십장생 수놓으며
마음껏 펼쳐보자 백일홍의 정취도
일생을 다듬은 수선화 마냥
먼훗날 그 이야기 들려주리니
세월의 그믐은 예명을 약속하나
고희의 여정은 추억만 더하여라

입춘 추위

자연의 상처 지구의 몸살
인간의 자업자득
대지는 동장군에 숨을 죽이고
분출하던 생수도 숨을 멈췄다
창조주의 섭리 천도의 행진
춘풍의 이정표가
온 누리에 생명력 일깨워 주네
입춘
꿈의 서막
강렬한 생명력은 긴 숨 고루며
춘분을 손짓해 은밀히 속삭이는
군상들의 몸부림
승부와 성패 환상의 무대
무한의 마술 상자
풍요로운 풍물시장

마음의 등불

삭풍이 전신을 감사안고
칠흙 같은 심야
고독을 삼키며
자신의 존재를 확인 한다
세상은 넓고도 좁은 것
삶을 확인하는 가치존재
악화가 양화를 구축한다는
그 말을 빌릴건 없지만
음해와 거짓된 모함이
천정부지로 흙탕을 만들어
진리는 외롭고 힘겨운 것
오직 가는 길은 진실과 정도의 이정표
이것만을 신조로 자신을 지키고
고행의 여정을 참고 견디며
푯대만을 지키는
파수군의 사명을 스스로 다짐해본다

만남 · 2

세월의 흐름 따라
반세기를 보냈소
홍안의 청운대지
상무벌을 깨웠고
전후방을 순례하며
조국을 지켰지
용진에 상승으로
호국의 위용 떨쳐
조국의 근대화로
오늘의 복된 조국
고희의 백발이 영예의 훈장으로
전우야 동지야
오늘을 즐기며 서로를 아끼고
만남의 약속이
또, 또 다음으로
오래 오래 이어가자

태양의 순정

귀천도 강약도
고저도 대소도
모두가 수혜의 대상
삼라만상이 영합하는
신비의 마력
땀에 젖어 시들고
지친 몸체 스다듬는
포근한 모성
영약의 치유
감사주는 정성
불변의 영속
창조주의 위대함
지금도 역사 하네
골고루 모두에게

회심의 성찰

강산이 두 번 더 변한
오늘이 바로 그날
긴장과 초조와 흥분 바로 그 순간
잊지 못할 지우지 못할
그 정경을
마음으로 그리며 안 잡히는 채취
흠뻑 빠져본다
지금은 추억으로 모두가 정리되겠지
인간은 교활한 것
있는 듯 없어지고 없다가 나타나는
그래도 깊이 박힌 그 연민 때문에
햇빛을 피하며 조용한 안식처를
꾸며보지요
못 건널 호수 배 없는 포구
무한의 신비로 희락을 그리는
설계만 해보지

감사

감사의 마음
인정하고 믿는 것
백두의 천지보다
동해의 해면보다
깊고 넓은 것
온유와 평안
창조와 성취의 동력
숙제를 푸는 것
세상을 사는 원기소
모두가 챙겨야할
상비의 영약
감사의 도구로
인간은 교활한 것
세상을 조각하여
있는 듯 없어지고
불멸의 성실 명품
출산 해보자

祝詩

— 金鎭雄 名譽博士學位取得

庚寅新春　萬物生動
人倫大事　號牌爵位
聖役三十　人生旅路
四海無邊　慈善奉職
牧羊一念　救靈天國
主於恩寵　天國賞給
名譽博士　應報之功

二千十年 二月 十八日
深泉 殷泰哲

제4부

시집평설

■ 시집 평설

변용과 변형으로 재구성한 시미학

박 진 환

(문학평론가 · 文學博士)

1. 전제

현대시의 시법을 한마디로 집약하면 변용의 미학으로 제시될 수 있을 것으로 본다. 그것은 현대시가 정서나 관념을 형상으로 빚어낸 변용의 미학으로 대표되고 있기 때문이다.

전대의 시가 정서의 직정적 노출로서의 정서유희였다면 20C시는 정서에 형상의 옷을 입혀 이미지로 재구성해내는 변용의 미학으로 대표되고 있다.

주지하다시피 현대시는 정서의 직정적 노출인 정서의 해방이 아니라, 정서에 상응하는 등가물인 객관적상관물을 발견,

이를 정서대신 드러내는 형상화 작업의 산물이다. 그 때문에 그것이 정서였건, 관념이었건 그 모습을 달리하고 태어날 수밖에 없게 되는데 이것이 바로 변용이다.

변용은 본디의 모습을 그것과는 다른 모습으로 이동하거나 개조해 보다 새로운 모습으로 드러냄으로써 창조에 값하는 시법이 될 수 있다. 더구나 현대시가 회화적 공간 예술로 드러내주기를 희망함으로써 변용은 필수적 수단이 될 수밖에 없게 된다.

시간성의 것인 정서를 공간성의 것으로 개조하기 위해서는 무형의 시간성을 유형의 모습을 갖춰 사물이나 존재로 드러나게 해야 한다. 이때 시간성의 것에 상응하거나 등가성을 갖는 사물의 모습을 끌어다 재구성할 수밖에 없게 되는데 그래야만 형상으로 개조돼 공간성을 지닐 수 있기 때문이다.

그 결과는 본디의 것과는 전혀 다른 형상으로 드러나게 되고 그렇기 때문에 변용이 될 수밖에 없게 된다. 그리고 이 변용에 의해 현대시는 시간예술에서 공간예술로 살아남게 되는, 새로운 형상과 함께 시로서의 생명을 획득했던 것이 현대시다.

변용은 모습을 새로이 개조해 낸다는 점에서 낯설게 쓰기도 형상화 작업이 되기도 한다. 특히 관념이나 정서를 형상으로 재구성해 냄으로써 현대시의 시법인 의도적 제작술과도 무관하지 않게 되는데 이 점에서 변용은 현대적 기획의

한 방법일 수 있게 된다.

정서를 정서와 등가성을 갖는 객관적 상관물을 발견, 정서 대신 배치하고, 관념을 관념과 등가성을 갖는 객관적 상관물을 발견, 관념 대신 배치하게 되면 내면적이고도 정신적인 것들이 형상으로 그 모습을 드러내게 된다. 그리고 이러한 등식은 창조적 경로를 담당, 형상미학을 창출하는 시법의 역할을 담당하게 되는데 이 등식을 성립시켜주는 것이 곧 변용이다. 그 때문에 변용은 단순한 모습 바꾸기가 아니라 새로운 얼굴로 태어나게 하는 창조적 원리가 되게 된다.

변형의 경우도 같은 맥락성에 잇대이게 된다. 변용이 정서와 같은 무형을 것을 형상으로 빚어낸다면 변형은 기성이나 기존의 것을 새로운 형상으로 개조해내기 때문이다. 그 때문에 변형은 기 존재하는 것을 그 형태나 빛깔 등에 변화를 주어 새롭게 태어나게 함으로써 변용과 함께 새로움으로 태어나게 하는 창조적 경로가 되어주게 된다.

이러한 전제 제시는 은태철 시인이 즐겨 정서나 사물을 형상으로 빚어내거나 개조해내는 형상화 작업을 변용과 변형의 시법에 의탁하고 있기 때문이다. 달리 말하면 은태철 시인의 시에 대한 조명을 위한 시법의 근거로 변용과 변형의 미학이 제시될 수 있다는 뜻이 된다.

2. 시집에 나타난 변용의 양태

은태철 시인이 상재한 시집 『계절 사냥 혹은 꿈의 화첩』을 관류하고 있는 것은 변용과 변형의 미학이다. 관념과 정서를 그에 상응하거나 등가성을 지닌 객관적상관물로 대체, 형상으로 재구성함으로써 형상미학으로 태어나게 하고, 또 사물을 변형, 새로운 사물로 태어나게 하고 있기 때문이다.

먼저 변용의 시적 양태를 시를 제시, 구체화 해보기로 한다.

가) 백자 찻잔이
박살나
하얀 이를 세운다

청자 화분이
부들부들 떨며
파랗게 질린다

난정이 키의
분재가 움츠러들어
모가지만 남는다

기상 예보로는 여직
알려지지 않은
가슴의 태풍

나) 새끼송아지 부르는
누런 어미소의 울음이
들녘 너머 노을로 금박된다

마를 줄 모르는 어미의 사랑으로
젖은 퉁퉁 부어오르는데
송아지는 돌아올 기미가 없다

가슴에 부정(父情)으로 서린
그리움을 풀어
어미소의 울음으로 구름으로 부르면

멀리 보낸 자식의 모습
자운으로 피어
웃고 있다

다) 아미 사이에 얹어
키워온 세월로 연
길이 하나

길가엔
억새꽃이 하얀 세월로 서서
함께 동행한다

마주하는 서녘엔
지는 해 곱게 물들고

물든 자운으로 번지는
가슴엔
백발로 피는
꽃이 하나

예시 가)는 「분노·2」의 전문이고 나)는 「그리움」의 전문, 그리고 다)는 「노경」의 전문이다. 예시에서 볼 수 있듯이 가)와 나)는 정서를 변용, 형상으로 재구성해낸 경우이고 다)는 관념을 형상화한 경우에 해당된다. 이러한 형상화는 은태철 시인이 즐겨 내면적이고도 정신적인 것들을 형상으로 개조해 냄으로써 현대시법에 충실하고자 한 변용에서 시를 출발시키고 있음을 보여 준 것이라고 할 수 있다.

예시 가)에서 드러내고 싶었던 것은 희로애락애오욕의 칠정중 노에 해당되는 '분노'이다. 분노는 분해함을 참지 못해 성냄을 의미한다. 그런데도 화자는 짐짓 뒤로 물러 서 있고, 화자가 터뜨리는 분노에 상응하는 객관적상관물에 의해 분노가 대신 표출되고 있음을 암시적으로 보여주고 있다. 1연에서의 '백자 찻잔이/박살나/ 하얀 이를 세우'는 것이 그러하고, 2연에서 '청자 화분이/부들부들 떨며/파랗게 질리'는 것이 또한 그러하다. 그리고 3연에서의 '난쟁이 키의/분재가 움츠러들어/모가지만 남는', 분노 앞에 겁에 질려 하얀 이를 세우고, 파랗게 질리고, 질려 움츠리며 모가지만 남는 객관적상관물의 양태들에서 이를 읽을 수 있게 해주고 있다. 그런가 하면 이런 양태에서 끝나지 않고 종연에서는 '분노'가 '기상예보로는 여직/알려지지 않은/가슴의 태풍'으로 전혀 새로운 사물로 이동, 형상으로 달리 빚어짐으로써 변용의 역할을 톡톡히 해주고 있다.

예시 나)도 역시 정서인 그리움을 노래하고 있는데 시의 문의로 보아 영국으로 유학 보낸 아드님에 대한 그리움을 '새끼송아지를 부르는' 어미소에 오버랩시킨 부정의 그리움으로 보여진다. 이 시에서의 1연 '누런 어미소의 울음이/들녘 너머 노을로 금박된다'는 진술이나, 종연 '멀리 보낸 자식의 모습/자운으로 피어/웃고 있다'는 진술은 그리움이라는 정서가 감각으로 이동, 형상으로 재구성된 변용의 산물임을 말해주고 있다.

끝으로 예시 다)는 앞의 예시가 정서였던데 반해 '노경'이라는 관념을 노래한 것이 된다. 예시에서 볼 수 있듯이 관념의 경우도 정서의 경우에서와 같이 관념을 이에 상응하는 등가물을 동원, 형상으로 재구성해주고 있는데 역시 변용의 미학이라고 할 수 있다.

1연에서 '아미 사이에 얹어/키워온 세월로 연/길이 하나'는 시어 '세월로 키워온'에서 알 수 있듯이 하나의 '길'이 노경을 걷고 있는 길임을 암시하고 있다는 점에서 '노경'과 등가성을 갖게 된다. 이러한 암시는 2연으로 이어지면서 '길가엔/억새꽃이 세월로 서서/함께 동행한다'고 세월로 선 억새꽃의 은유를 통해 '노경'으로 잇대이는 연계맥락을 이어주고 있다. 그리고 3연에서는 '마주하는 서녘엔/지는 해 곱게 물든' 황혼이 인생황혼인 노경을 유추하게 함으로써 역시 '노을'로 '노경'을 형상화 하는 것이 된다. 그리고 종연에서는 '물든 자운으로 번지는/가슴엔/백발로 피는/꽃이 하나'라고 '백발로 피는 꽃'으로 역시 노경의 심회와 함께 자아의 대리대상으로 변용함으로써 은태철 시인의 시가 변용에서 출발하고 있음을 극명하게 보여주고 있다.

다음은 또 하나의 양태인 사물의 모습을 개조하거나 변조하여 새로운 모습으로 태어나게 함으로써 창조에 값하는 변형의 경우이다. 역시 몇 편의 시를 예시했을 때 이해를 도울 것으로 본다.

가) 가지마다
황금 팔찌를 끼고
노랗게 휘었다

흰가지 사이로
숨바꼭질 하는 바람도
노랗게 황달이 들었다

종달이 울음도
노란 음표로 굴러가고

온통 세상은
노랑물이 들었다

나) 독사 이빨처럼
가시끝은 날카로왔다
가시에 찔린
손등은

퍼렇게 멍이들어
독으로 번지고

햇볕으로 녹지않은
때아닌 함박눈이
왠 종일 흩날렸다

매미들도
혹 가시에 찔렸는지
찔릴까 두려운지
아직 입을 열지 못했다

다) 어둠을 삼키며 질주하던
취한 갑충(甲蟲)들의 행렬이 끝나면
거리는
바닥을 드러낸 심연처럼
정적의 깊이로 엎디어 있다

노랗게 밤에만 익어가는 가로등은
한 열매만 키우는
신종 과목

과수원길을 걷듯
가로등 불빛을 따라 걸으면
가슴 속엔
어둠 속에서만 익는
끝내 따지 못한 열매 하나
노랗게 익고 있다

예시 가)는 「개나리」 전문이고, 나)는 「아카시아」 전문,

그리고 다)는 「가로등」 의 전문이다. 예시가 대상으로 하고 있는 '개나리'나 '아카시아' 그리고 '가로등'은 흔히 주변에서 목도되는 항용의 사물들이다. 이러한 항용의 것들이 시적 변형에 의해서 미학으로 태어나고 있는데 예시들은 이를 잘 보여주고 있다.

예시 가)에서의 '개나리'를 '가지마다/황금팔찌를 끼고/노랗게 휘었다'는 사실과는 전혀 다른 '황금팔찌'로 변형함으로써만 가능하게 되는 변형의 미적 개조나 2연에서의 '흰 가지사이로/숨바꼭질 하는 바람도/노랗게 황달이 들었다'도 같은 맥락의 것이다. 바람이 어찌 황달이 들 수 있겠는가. 그러나 노란 꽃의 흰 꽃가지 사이에서 숨바꼭질하며 함께 섞이다 보면 노랗게 물이 들 수도 있게 되고, 이 물든 노란 빛깔이 유추하는 '황달'로 변형됨으로써 역시 미적 상상력을 자극하게 해주고 있다.

그런가 하면 3연에서의 종달이 울음을 '노란 음표로 굴러가게 하는 것도 같은 맥락의 변형이고, 종연 '온통 세상은/노랑물이 들었다'도 변형에서 변형으로 이동되는 봄의 현상이다. 이 시도 기발한 상상력이 떠올리는 변형으로서 변형을 성립시키는 컨시트의 순발력도 곁들이고 있다.

예시 나)의 아카시아도 1연에서는 살갗에 돋아있는 가시를 '독사 이빨처럼' 독이 오른 가시로 변형함으로써 찔린 손등이 '퍼렇게 멍이 들어/독으로 번지게' 하는 허위의 리얼리티를

성립시킨다. 그런가하면 2연에서는 이러한 아카시아를 아카시아 꽃으로 이동, '햇볕으로도 녹지 않은/때아닌 함박눈'으로 변형시킴으로써 착상의 이동이 기발한 순발력으로 작용하고 있음을 보여주고 있다.

그리고 종연에서는 아직 매미가 울기엔 철이 이른 5월을 '혹 가시에 찔렸는지/찔릴까 두려웠는지/아직 입을 열지 못했다'고 의외의 상상력을 동원, 기발한 컨시트와 함께 봄과 여름의 중간대로서의 아카시아 계절을 환기시켜주고 있는데, 위트, 컨시트가 적절히 조화를 이룬 변형이 돋보인다.

끝으로 예시 다)도 예외는 아니다. 가로등 밑을 질주하는 자동차들을 '취한 갑충(甲蟲)들의 행렬'로 변형한 것이나, 노랗게 불을 켠 가로등을 '노랗게 밤에만 익어가는…/한 열매만 키우는/신종 과목'으로 개조한 것이나, '가로등 불빛을 따라 걸으면/가슴속엔…/끝내 따지 못한 열매 하나/노랗게 익고 있다'고 내면 풍경으로 개조해 제시하는 변형은 은태철 시인의 시가 변용과 함께 변형에서 출발하고 있다는 것을 극명히 제시해 주는 것이 된다.

3. 결어

지금까지의 조명을 집약하면 결론으로 제시될 것으로 보는데 은태철 시인의 시는 정서의 변용과 사물의 변형으로 재구성한 형상미학이라는데 모아질 것으로 본다. 그리고 이번 시집은 이러한 시법을 스스로의 시로 실천했다는 점에서 시적 성과와 함께 시적 신뢰도 획득할 것으로 본다.

■ 시인의 연보

은태철(殷泰哲, 熙坤. 號 : 深泉)

학력

1953. 3. 오상중학교 졸
1956. 2. 오상고등학교 졸
1958. 3. 한국항공대학 수료

경력

1958. 4. 군입대
1960. 8. 육군 소위 임관
1962. 6. 보병 제1사단 11연대 소대장
1965. 5. 제2훈련소 27연대 교관
1967. 7. 제2군 하사관 학교 교관-중대장
1967. 8. 보병 제1사단 12연대 전투지원 중대장
1968. 12. 파월 맹호부대 작전처 작전장교
1970. 3. 보병 제1사단 12연대 군수주임
1971. 7. 육군본부 기획관리 참모부 심사분석담당
1974. 8. 육군대학 입교(교육)
1975. 2. 육군 본부 관리참모부 기획담당
1975. 10. 보병 제35사단 106연대 대대장

1977. 8. 보병 제50 훈련단 503지단 대대장

1979. 4. 육군본부 관리참모부 기획담당

1982. 6. 정년 예편(중령)

1982. 6. 포항종합제철 입사

1983. 4. 총신대학교 신학대학원 학생과장

1987. 3. 신학대학원 교무과장

1989. 3. 총신대학교 도서관 수서과장

1992. 2. 총신대학교 대학원 교학과장

1994. 7. 총신대학교 기획부장

1996. 9. 총신대학교 총무부장

1999. 8. 정년퇴직

1999. 8. 첫 시집 『생각하며 사는 인생』 출간

2001. 2. (사)세계한마음협의회 이사(사무총장)

2001. 12. 『조선문학』 으로 등단(시)

은태철 시인은 경북 군위 출신으로 호는 심천. 한국항공대를 거쳐 군에 입대, 육군본부 기획관리참모부 기획담당 장교로 전역했다. 총신대학교 대학원 교학과장을 거쳐 총신대 기획부장, 총무부장을 역임했으며 『조선문학』에 시가 당선되어 문단에 데뷔했다. 현재, 한국문인협회, 조선문학문인회, 장로문인회, 시봉문학회 회원으로 활동하고 있다. 작품집 『생각하며 사는 인생』, 시집 『계절 사냥 혹은 꿈의 화첩』이 있다.

조선문학시인선 • 273

계절사냥 혹은 꿈의 화첩

2010년 5월 5일 인쇄
2010년 5월 10일 발행

지은이 / 은태철
발행인 / 박진환
펴낸곳 / 조선문학사
등록번호 / 1-2733

주소 · 110-092 서울 서대문구 홍제2동 96-4
대표전화 / 730-2255
팩스 / 723-9373

ISBN 89-93614-31-2

정가 10,000원